世界の教育と社会

比較教育社会学へのいざない

Yoshida Takashi

吉田卓司

JN011991

三学出版

はじめに
－比較教育社会学へのいざない－

　本書は、アメリカ、フランス、ニュージーランドの教育と社会の関係性を、それぞれソーシャルワーク、多文化共生、修復的教育の視点から検証し、日本が教育政策や教育実践において学ぶべき点を紹介したものである。

　子どもの貧困と格差の解消・改善、多様性・個性の尊重、いじめや不登校への対応といった今日の教育上の課題は、日本だけの問題ではなく、世界共通の解決すべき問題であり、世界各地で様々な取り組みが行われている。

　本書は、比較教育社会学の視点から、それぞれの国、地域が有する歴史・文化・経済等の社会環境の下で、どのような教育実践や教育政策が実施されているのか、そしてどのような効果がみられるかを考究したものである。

　本書で取り上げた内容は、筆者自身のフィールドワークによるものであり、世界の教育の一端にすぎない。しかし、本書を手に取っていただいたことを契機として、未来の子どもたちのために「グローバルな視点」の価値を理解していただき、国内外の「多様な教育実践や政策」に関心を寄せてもらえればと思う。

目次

序章　比較教育社会学とは何か

社会と社会学

社会学とは、「社会」を科学的に考察する学問であるが、そもそも「社会」という言葉自体、日常的にも学問的にも多義的である。

「社会」の語は、西洋語 "society" の訳語として明治期に福地源一郎によって初めて採用されたといわれる。その語源は「結合する」に由来し、人間の結合体としての「共同体」を指すものであった。

古代ギリシャの哲学者アリストテレスが「人間は社会的 (ポリス的) 動物である」と述べたように、有史以前から人間は共同体とともに生き、「社会」と共生してきたといってよい。また、その「社会」という枠組みには、国家、地域、企業・団体、家庭など様々な規模と役割をもった多様な存在形態があり、かつ流動的に変化している。そして、それぞれの「社会」には相互に関係性やネットワークがみられる。社会学とは、このような「社会」を研究対象とする学問であり、本書でも、そのように「社会」と「社会学」を定義し、用いたい。

この社会学の系譜の中でシカゴ学派は主要学派の一つであり、同学派は1920年代以降シカゴ大学社会学部を中心に形成された主に都市社会学者のグループで、その後の社会学の学術的基盤の確立にも貢献した。例えば、シカゴにおける移民やスラム街の都市問題に関する研究調査では、シカゴ大学の教師と学生がアパートメントの一室一室を訪問して、居住者の出身国や家族構成等を聞き取り、その何十棟ものデータを統計や図表にして具体的状況を整理・分析し、都市問題の実相を明確に捉えようとした。このような社会学的研究は、本書第1章で紹介するシカゴの教育福祉政策をはじめとして、アメリカ国内にとどまらず諸外国の政策決定にも大きく寄与してきた。

教育学と教育社会学

教育学は、より良い教育の在り方を目指す学問である。教育社会学は、社会学の視点から教育に関するテーマを考察する学問であるから、教育学の一分野

であり、また同時に社会学の一分野でもある。すなわち、教育学と社会学の学際的分野である。

　教育社会学が一般の教育学と区別されるのは、教育社会学が、「教育」という行為そのものを社会的営為として客観的に捉えなおし、ある一定の社会における教育の構造、政策、実態を明らかにし、さらには、それを規定する社会的背景・要因・意識等々を実証的に分析することで教育と社会の関係性の理解を深めたり、問題解決の方向性を探ろうとする社会学的視点を有するからである。

　端的に言えば、教育に関する考察や議論において、「社会」というフィルターを通して、より多様で科学的な研究手法や考え方を提供できるところに教育社会学の存在意義と特質があるといえよう。

比較教育学と比較教育社会学

　教育学の一分野として、比較教育学という学問領域もある。これは、主として各国または各民族の教育を比較し、教育のあり方やその共通性・法則性等を探究しようとする学問である。比較教育学と比較教育社会学との対比も、教育学と教育社会学の関係性と同様に考えることができる。

　比較教育社会学は、比較教育学と同様に、様々な国、民族、地域の教育を比較・検討する点は同様である。比較教育学との相違点は、国際比較や異文化理解を含めたグローバルな視点に加え、諸外国、多民族、異文化等の社会状況に関する社会学的な考察も含めて、教育政策や教育実践等の分析・検証を行う点にある。

　例えば、外形的に同様の教育活動が行われているように見えても、国、地域、民族などが異なり、社会的条件が違えば、その意味や効果に差異が生じることも少なくない。現実に、外国で行われている教育方法や教育政策を日本に実効性のあるかたちで導入したり、日本の教育現場に取り入れたりするには、日本の社会環境や学校文化と比較した理論的検証や実践上の創意工夫が必要となる。

　このように教育政策や教育実践をグローバルに比較、検証する際には、それぞれの国の歴史、文化、さらには政治や経済の構造、人々の社会意識など様々

な社会的側面、すなわち教育活動の基盤となるマクロからミクロに至る重層的な「社会」の実相を視野に入れた総合的観点からの考察が不可欠である。本書もフィールド調査対象国・地域の研究協力者をはじめ国内外の人々の協力を得て、そのような考察を試みたものである。今後、このような視点から世界の教育を考究していく人たちのために本書が少しでも役立つことができれば幸いである。

第1章　アメリカ－シカゴの教育福祉

　アメリカの教育は、極めて分権的であり、統一性に欠ける。連邦の教育省は教育に関する調査、研究、マイノリティ教育や奨学金事業等の機会均等の保障などの権能を有するが、その役割は極めて限定的である。教育政策の実務は基本的に州の専管事項である。したがって、義務教育の期間さえも州によって異なる。就学義務開始年齢は6歳とする州が最も多く、義務期間は州によって9年から13年まで幅広い。そのうえ、規定上は7歳又は8歳を就学義務開始年齢とする州もあるが、6歳からの就学を認めるなど実際の運用も様々である。

　また、日本の学校の6-3-3制は、第二次大戦後にアメリカから移入されたもので、現在でも戦前同様の6-3-3制もみられるが、シカゴ学区等で採用されている8-4制のほか5-3-4制、4-4-4制、6-6制など多様化がすすんでいる。さらに、州や学区の法令に縛られることなく、学校を運営する公立学校も数多い。このように今日のアメリカの学校教育の全体像をとらえることは、かなり難しい。

　本章では、アメリカにおける教育改革の動向を俯瞰したうえで、2016年に実施したUIC（イリノイ大学シカゴ校 University of Illinois Chicago）とシカゴ市内の教育関係機関の視察時の見聞した事実とその後の動向も含めて、シカゴ学区の教育政策と諸問題の解決に向けた教育現場の取り組みを見ていきたい。

1．アメリカの教育行政と学校教育

　アメリカの多くの州では、初等中等教育（小・中・高校）と高等教育（大学）のそれぞれに教育行政機関が置かれている。初等中等教育については州教育委員会が公立学校に関する教育方針や制度の枠組みを設定している。高等教育については州立大学理事会等が州の政策立案と実施、州立大学の管理・運営等を行っている。

　実際に、公立校の設置・管理を行うのは、州の下にある各地域の学区である。同じ州内でも、学区によって教育行政の実施状況には差異があるだけでなく、学校によっては、州や学区の制度的枠組みにとらわれないで、独自のカリキュラムを作成し、教員採用等の人事を含めて自由度の高い学校経営ができる学校

もある。その代表的な学校形態が、公設民営のチャーター・スクール (charter school) である。チャーター・スクールは、教育目標や教育活動計画等について学区との業務契約に基づいて地域住民や教員の団体などが運営する学校である。1991 年にミネソタ州でチャーター・スクールの設置を認める法律が成立し、翌年には全米最初のチャーター・スクールが同州に誕生した。今日では、全米で約 8000 校が設置され、さらに増加傾向にある (2021 年)[1]。日本では 2019 年に開校した大阪市立水都国際中学校・高等学校が日本で最初のチャーター・スクールとされている[2]。

（1）チャーター・スクール…UIC カレッジ・プレップ高校 (UIC College Prep High School. 以下 UICCPH)

　UICCPH も、チャーター・スクールの一つである (写真 1-1)。同校は、シカゴ学区に 18 校を有する Noble Network of Charter Schools に属する学校の一つで、UIC との連携に特色があり、キャンパス名に UIC と記されているのは系列校のなかでも同校のみである (2023 年)[3]。

　チャーター・スクールは公立学校であるため、学校の運営経費は原則として公費でまかなわれる。また、アメリカでは中等教育までが義務教育であるため、学費は無償で、公立校の入試は一般的に行われていない。この点はシカゴ学区も同様で、UIC カレッジ・プレップ校にも入試はない。

　カリキュラムの特徴は、取得単位や高成績等の条件を満たせば UIC の受講と単位取得が可能で、大学と連携した専門性の高い教育を受けられるほか、同校が UIC のキャンパス内に立地する利点を生かして、在学生のみならず、UIC に進学した学生の支援も行っている。卒業生の進路も大学進学が中心である。さらに、同校は、全米

写真 1-1　UICCPH の外観

で847位(26,737校中[4])、シカ
ゴの公立校で13位(183校中[5])
と、上位にランキングされている[6]。
そのため入学志願者が定員を超え
る場合も多く、その際にはくじ引
きで選抜を行い、在学生に兄弟姉
妹のいる者は優先的に入学できる
こととされている。

写真 1-2 廊下にはロッカーが並び大学の
　　　　タペストリー等も飾られている
　　　　(UICCPH)

　同校内の様子は、アメリカの一
般的な学校と同様に、廊下には各
生徒用の個人ロッカーが並び(写
真1-2)、授業では科目担当教員が
いる教室に生徒が移動して受講す
る。日本のようにホームルーム教
室はない。授業自体も複数の学年
の生徒たちが履修しているので、
日本のように同一学年の生徒が原
則としてクラス単位で授業を受け
ることはなく、個々のニーズに合
わせて必要な科目を選択して履修
する。

写真 1-3 カウンセリングルーム (UICCPH)

　また、カウンセラーやソーシャルワーカーが校内に常駐して生徒の相談に対
応している(写真1-3)。心理や福祉に関わる相談だけでなく、奨学金、医療・
健康、ジェンダー等の個別的な相談には、それらに対応できる専門部局がUIC
キャンパス内の各所にあり[7]、大学と連携した支援を可能にしている。さらに、
同校を運営するNetwork自体も、いじめ等の通報の受付、メンタルヘルスと
自殺防止や性的虐待などに対応する相談リソース提供をWeb上で行っている[8]。

（2）マグネット・スクール…ジョーンズ　カレッジ　プレップ高 (Jones College Prep High School. 以下 JCP)[9]

　今日のアメリカの学校教育を理解するうえで、マグネット・スクール (magnet school) は、チャーター・スクールとともに重要な学校形態である。
　マグネット・スクールとは、1970 年代に人種統合を目的として生まれた学校選択制度の一環として誕生した公立学校であり、その歴史はチャーター・スクールに比して長い。マグネット・スクールは、それまでの指定 (強制) された公立学校に通うのではなく、生徒と保護者が自らの選択によって、居住地域にかかわらずに特色あるコースやカリキュラムがある学校を選び、人種統合を達成しようとするものであった。このように従来の通学区域を越えて、生徒たちが磁石 (magnet) のように引き寄せられることから、マグネット・スクールと呼称される。
　全米各地で設立されたマグネット・スクールは、およそ半世紀を経て 3,497 校まで増加した (2020 年)[10] が、1990 年頃からエリート教育化が進み、設置当初の人種統合の社会的意義が後退しているとされる[11]。
　JCP は、シカゴのダウンタウンにある公立の 4 年制高校で、シカゴに 32 校あるマグネット・スクールの一つである。
　同校の起源は約 150 年前のグラマースクール (文法学校) に遡るが、その後のシカゴの経済発展にともない、ジョーンズ商業高校 (Jones Commercial High School) へと改編・拡充が図られた。そして、1982 年には、ビジネスと商業に関するプログラムを特色とするマグネット・スクールとなった。さらに 1998 年には、ビジネスと商業に関するプログラムを廃して、大学進学準備に特化したマグネット・スクールと改編された。現在は、大学合格率 99%[12] の優秀校として全米ランキングも上位とされている[13]。
　施設面では、同校が 2013 年に全面改築されたこともあって、教室等だけでなく、照明・音響機器の揃ったホールや体育館・室内プールなど、他の学校と比して文化・スポーツ施設の面で格段に整っている (写真 1-4 ～ 6)。これらの教育施設がすべて 7 階建ての一つのビルに収容されている。そして、シカゴ市の中心部にある主要な施設や公的機関に入る時には、しばしば荷物と身体の検

写真 1-4　ホール（JCP）

写真 1-5　空調設備のある体育館
　　　　　（JCP）

写真 1-6　室内プール（JCP）

写真 1-7　エントランスに設けら
　　　　　れた金属探知器（JCP）

査が行われるが、同校もその立地から、生徒は登校時に金属探知機を通って教室に向かう（写真 1-7）。

　同校は、シカゴ市教育委員会が管轄する公立高校であるが、公設民営のチャーター・スクールや地域の一般の学校と比べて、最大の相違点の一つは、入学試験があることである。同校のようなハイレベル校に入学するには初等学校での高成績と試験の高得点が必要となる。

　もっとも同校生の人種構成は、白人 30.9%, ヒスパニック 33.7%, 黒人 11.9%, アジア系 18.4%, その他 5.2% である。同校の人種構成は、イリノイ州の人種構成と比して、白人の比率（71.5%）がかなり低い[14]。また 39.8% の学生が「低収入」の範疇にあるとされる（2020-21 年）[15]。同校ではスペイン語、フランス語、中国語の 3 言語に 11 名の教員を配置（2023 年）し、バイリンガル教育によるグローバル人材の養成にも注力しているほか、生徒がかかえる諸問題に対して、心理カウンセラーだけでなく、ソーシャルワーカーによる相談や進路相談（奨学金の獲得等）についても、専任相談員を窓口に配置して、福

祉的、経済的支援の体制も整えられているように見られた。これらの点をみると、同校がエリート校として大学進学に成果を上げているだけではなく、マグネット・スクール設立当初のミッションである人種統合、多文化共生の観点も大切にしながら教育活動が行われているよう思われる。

（3）公立初等学校とソーシャルワーク…ナショナル　ティーチャーズ　アカデミー初等学校（National Teacher's Academy. 以下 NTA）

NTA は、8 年制の公立初等学校で、幼稚園を併設している[16]。校区は公営住宅地域にあり（写真 1-8）、児童生徒の多くが黒人である。児童生徒の家庭は、経済的、社会的な課題を有する場合も少なくないが、少人数（1 クラス 20 名未満）で、インクルーシブ教育も含めたチームティーチング指導（複数教員による授業）、多分野（心理、福祉、特別支援等）の専門スタッフによる支援に加えて、規律指導も取り入れながら、落ち着いた学習環境を保っている様子が見られた（写真 1-9）。

ニューヨーク等の大都市部と同様、シカゴの教育政策として、公立学校の生徒指導に警察が関わるなど規律違反への「非寛容」な対応、いわゆる「ゼロトレランス」政策の先駆的導入でもよく知られているところである[17]。また、2004年から 2011 年の間に 100 校近い公立校が、学力テストの成績の低さを理由に閉鎖し、これに代わって前述のようなチャーター・スクールを 85 校開設するという新自由主義「教育改革」の断行も、シカゴの教育政策の一面であるが[18]、他方、その弊害に対する制度的対応にも刮目すべき点がある。

NTA は、そのようなシカゴの教育改革の荒波の中でも、2 名のインターベンショニスト（Interventionist）による多層的支援システム（multi-tiered system of support）や学校に常駐するスクールソーシャルワーカー（以下、SSW）による、個々の児童生徒の生活環境の課題改善、アンガーマネジメントに関するグループ・カ

写真 1-8　NTA の正門前に広がる
　　　　　公営住宅群

ウンセリングなどのソーシャルワークを積極的に活用して、児童の抱える課題の克服に取り組んできた（写真 1-10）。

　それは同校に配置された SSW の個々の資質と努力のみによるものではなく、学区教育委員会による SSW の組織的な支援体制によってもたらされている。各校に配置された SSW は、各地区のスーパーバイザーから必要に応じて支援と助言を得ることができるほか、初任者には先輩 SSW がメンターとして 1 年間同伴して職務の遂行をサポートするシステムがある。

　このように児童生徒へのきめ細かで的確な SSW のサポートが制度的に保障されている。また、シカゴでは、外部専門機関や専門団体と学校の連携にも見るべき点が少なくない。

　例えば、他害行為や反道徳的行為などを伴う行動障害がある児童生徒に対する診断や治療を行い、入院も受け入れる病院（写真 1-11、1-12）との連携 [19] や地域における子どもや家庭の支援団体との連携である。シカゴで最も長い歴史を有する支援団体の一つが、メトロポリタン家庭サービス（Metoropolitan

写真 1-9　NTA の授業風景

写真 1-10 SSW の教室内にある談話スペース（NTA）

写真 1-11 Garfield Park Hospital 外観

写真 1-12 Garfield Park Hospital の病室（二人部屋）

写真 1-13 MFS のエントランスに隣接する待合室（注意書
きは英語とスペイン語で記されている）

Family Services. 以下MFS) [20] である。MFS は、放課後の子どもたちの勉強
や相談の場所であるともに、親に対する就労支援、福祉的・法律的な扶助など
広範囲な支援活動を行っている（写真 1-13）。

　NTA のような公立校には、様々な課題をかかえる子どもも相対的に多く在
籍しているが、学区教育委員会との連携はもちろんのこと、地域の医療機関、
地域福祉団体などと連携・協働して、子どもたちにとって最善の課題解決方法
を見つけようと取り組んでいるように見受けられた。

2．シカゴにおける教育と社会の歩み

　シカゴは、ニューヨーク、ロサンゼルスに次ぐアメリカ第三の都市である。
古くから海運と鉄道によって、さらに今日では主要航空会社の拠点空港があり、
アメリカ国内の交通の要衝であり、多民族国家アメリカを象徴する都市でもあ
る。

　そのため、経済格差の是正と多文化共生の実現が、常に都市政策の主要なテー
マとなってきた。

　1889 年、シカゴでは、近代社会福祉の母と呼ばれるジェーン・アダムズが、
エレン・ゲイツ・スターと共同で「ハル・ハウス」を設立した。そこでは、富
裕層と貧困層の人々が同じ地域に居住し、支え合って生活をしていこうとする
もので、彼女らの活動は、当時世界最大規模のセツルメント運動で、子どもに
対する教育、福祉だけでなく大人にも縫製・製靴等の職業訓練と就労の機会を

写真 1-14 セツルメント活動が行われていた建物の外観 (模型)
　　　　建物上部には富裕層の人や知識人が住み、下の部屋では子どもの教育や職業訓練等がされていた。(UIC キャンパス内 Jane Addams' Hull-House Museum に展示された再現模型)

提供するなど様々な支援活動を実施した (写真 1-14)。

　さらに、1920 年代以降、シカゴ学派 (Chicago school) は、犯罪、貧困、移民等の都市が抱える課題に対して、フィールド調査に基づく都市社会学の理論と研究手法を確立し、世界に大きな影響を与えた。なお、経済学における「シカゴ学派」は、新自由主義的教育政策を提言して、その当否はともかく、日本を含む世界各国で経済政策や教育政策に極めて大きな爪痕を残している。

　いずれにしても、これらの社会運動や研究活動は、流動性と多様性に富んだシカゴを舞台に、諸課題にどう向き合うかを実践的に考察したものである。なかでも教育問題は、子どもたちと人類全体の未来に大きくかかわる極めて重要な社会課題の一つである。シカゴにおける社会政策の検証は、未来社会を知る手がかりと言ってもよい。今後ますます深刻化するであろう教育課題を克服するのためには、これまで以上に学校と関係機関との連携が大切であること、そして教育におけるソーシャルワークの重要性が見えてきたといえよう。

注
1　National Alliance for Public CharterSchools (2020-2021) .https://data.publiccharters.org/digest/charter-school-data-digest/how-many-charter-schools-and-students-are-there/
2　国家戦略特別区域法第 12 条に基づく公設民営の学校。学校法人大阪 YMCA が指定公立国際教育学校管理法人として同校を経営し、教員を雇用する。なお、学校名は開設時の名称。2022 年に大阪市立高校が大阪府に移管したため同校も大阪府立水都国際中学校・高等学校へ名称変更した。
3　https://ohsd.uic.edu/
4　https://nces.ed.gov/programs/digest/d19/tables/dt19_105.50.asp
5　https://www.publicschoolreview.com/illinois/chicago/high
6　https://www.usnews.com/education/best-high-schools/illinois/districts/chicago-public-

schools/uic-college-prep-201171

7　UIC のキャンパスマップ http://maps.uic.edu/ 参照。

8　https://nobleschools.org/school-locations/

9　正式名称は、William Jones College Preparatory High School

10　https://www.statista.com/statistics/686895/number-of-magnet-schools-in-us/

11　成松美枝 (1998) アメリカ合衆国における学校選択制度の展開：マグネットスクールの発展経緯とその動向. 東京大学大学院教育学研究科紀要 , 38, pp. 403-411.

12　https://www.jonescollegeprep.org/

13　https://www.usnews.com/education/best-high-schools/illinois/districts/chicago-public-schools/jones-college-prep-high-school-6577

14　イリノイ州の人口統計データ - Wikisource. https://ja.wikisource.org/wiki/

15　https://www.cps.edu/schools/schoolprofiles/jones-hs

16　https://www.ntacourage.org/

17　横湯園子・世取山洋介・鈴木大祐編著 (2017)『「ゼロトレランス」で学校はどうなる』花伝社 . 4 章 鈴木大祐「アメリカのゼロトレランスと学習スタンダード」p.81

18　宮下与兵衛 (2021)「シカゴの民主主義教育・市民性教育調査報告」長野県教文会議総合研究会資料 p.1. https://kyobun-kaigi.org/。なお、宮下も Jones College Preparatory High School 等、シカゴの諸学校の視察内容を同報告書に記している。また、シカゴの公民科教育につき、古田雄一 (2019)「米国イリノイ州シカゴ学区の市民性教育改革の方法と特質―格差是正に向けた学校全体での市民性教育実践の先駆的事例―」『国際研究論叢』第 33 巻第 1 号 , pp.69-84.、古田雄一 (2020)「アメリカ大都市学区における市民性教育改革の展開方略―イリノイ州シカゴ学区の事例を手掛かりに―」『国際研究論叢』第 33 巻第 3 号 , pp.111-127 参照。

19　その病院の一つ Garfield Park Hospital を訪問した (2014 年 9 月 19 日)。同院は、シカゴ中心部の UIC から約 5km 西方の住宅や公園の広がる閑静な地域にあり、行動障害のある 3 歳から 17 歳の児童を対象に、治療・短期入院を行っている。https://garfieldparkhospital.com/

20　MFS は、1857 年にシカゴ州議会によって設立されたシカゴ救援援助協会に端を発する民間法人である。近年の財務報告書によれば活動資金のおよそ 8 割が公的補助金によって賄われている。常勤・非常勤を合わせて 1,100 人余りの専門スタッフを擁し、シカゴ市とその近郊の 136,600 の家庭・個人にサービスを提供している (https://www.metrofamily.org/about-us/ 等参照)。

第 2 章　フランス－マルチニークの多文化共生教育

フランスの海外県・海外領土

　フランスは、西ヨーロッパの主要国の一つであり、総面積は、約 63 万 km^2（日本の約 1.7 倍）、人口は約 6,800 万人（日本の約半分）ある。そのうちフランス本国は約 55 万 km^2 で、国土面積の約 8 ％を海外県・海外領土が占めている。また、そこに 270 万人（全人口の約 4 ％）が住んでいる。フランスの海外県・海外領土は大西洋、太平洋、インド洋、南米大陸等の世界各地に広がっており、5 つの海外県を含めて、13 の地域がある。これらの地域も、フランス本土と同様に EU の一部であり、通貨はユーロが用いられている。

　海外県と海外領土の違いは、海外県がフランスの一行政区域であり、フランス本土の法令が適用されるのに対して、他の海外領土は、必ずしもフランス本土と同様の法制度に依拠しているわけではない。教育制度についても、基本的な教育活動の枠組みや学習権保障については、フランス本土と同様であるが、他方で各地域の実情や歴史、文化に応じた教育活動が行われている。

　このように文化的、地政学的に多様性をもつフランスがあるが、本章では、海外県マルチニークの教育に焦点をあてて、フランスの教育事情を紹介したい。

　マルチニーク（Martinique）はフランスの海外県の 1 つであり、カリブ海に浮かぶ西インド諸島の一島である。人口は、約 35 万人（2024 年）。面積は1,128km^2 で淡路島（592km^2）のおよそ 2 倍弱の広さである。

　同県住民の基本構成は、圧倒的多数の黒人と少数の白人等からなる。西インド諸島の多くの島と同様、先住民族のカリブ人は、17 世紀頃、ヨーロッパからの入植者による大量虐殺で、ほぼ全滅し、近代以降他島から移住したカリブ人が少数在住するにすぎない。現在のマルチニークの黒人の多くは、植民地時代にアフリカから奴隷として強制連行された人々の末裔である。

マルチニークの文化と社会

　マルチニークには、このような民族的相克と歴史を直視したうえで、「四言

写真 2-1　四言語絵付き
　　　　　 辞書 (表紙)

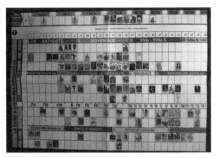

写真 2-2　世界史・フランス国史と並行して
　　　　　 海外県の地域史を記した年表 (1)

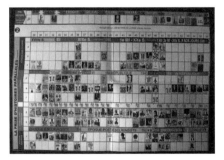

写真 2-3　世界史・フランス国史と並行して
　　　　　 海外県の地域史を記した年表 (2)

写真 2-4　マルチニーク等海外県の
　　　　　 児童用に編纂された歴史学
　　　　　 習のテキスト（表紙）

語（フランス語、マルチニークのクレオール語、グアドループのクレオール語、英語）の絵付き辞書」(写真 2-1)、「世界史・フランス国史と並行して海外県の地域史を記した年表」(写真 2-2、2-3) や海外県児童用歴史教材 (写真 2-4) など独自の教材が作成され、地域の特性を尊重した多文化共生教育が行われている。

　なお、クレオール語とは、広義には、植民地等で外来の移住民と先住民の言語の接触によって生じた混交語の総称であるが、ここでは、カリブ海地域の諸島に残る現地語を指す。しかし、クレオール語は、それぞれの島々や地域によって表記や発音が異なり、一つの言語としての統一性に欠ける。また、欧州やアフリカで生まれ育った者と区別して、カリブ海地域で生まれ育った者を「クレオール」と呼称する場合がある。その意味での「クレオール」には黒人だけでなく白人等も含まれる。このように欧米の文化、先住民の文化、アフリカの文化

の3つの文化の混交によって形成されたカリブ海地域の文化が「クレオール」
文化である。

　このクレオール文化をはじめ、カリブ海地域の教育や社会の状況は、日本で
は、あまり知られているとは言い難い。国立情報学研究所の論文検索 (CiNii)
システムでマルチニーク等に関する邦文論稿を検索すると、56件 (「マルチニー
ク」22件、「マルティニーク」34件) の論文や本が検出された (2023年7月)。
そのうち、最近10年間 (2013年以降) に公刊されたものは11件で、その大半は、
マルチニーク島滞在歴のある明治期の小泉八雲 (ラフカデオ・ハーン) に関す
る論考 (7件) であった。マルチニークの教育や同島で取り組まれている多文
化共生の取組について論及するものは稀有である。しかし、マルチニークをは
じめとする、これらの地域の教育実践は、異文化理解や多文化共生を目指す現
代教育の未来を考えるために大変興味深いものがある。ここでは、フランスの
教育政策の動向に留意しつつ、マルチニークの教育を通じて、フランスの教育
の実情、課題、そしてその課題解決をどのように展望しているのかをみていき
たい。

1．マルチニークの教育制度
―マルチニーク大学区視学官へのインタビュー調査を中心に―

　フランスの教育行政は、全土を29の大学区に分けて行われている。マルチ
ニーク大学区は、その一つであり、大学区は、日本の都道府県教育委員会に相
当する。その長は大学区総長であり、各州内の大学の学長が大学区総長を兼務
している。総長のもとには、各大学区の視学官がいる。

　大学区は、管轄地域内の高校 (リセ lycée)、中学校 (コレージュ Collège)、
小学校 (エコール・プリメール école primaire あるいはエコール・エレメンテー
ル école élémentaire)、保育学校 (エコール・マテルネル école maternelle)
に関する教育行政全般に責任を負う。

　私が園山教授とともにマルチニークを訪れたとき、フィールド調査の最初に
訪れたのは、そのマルチニーク大学区である。その目的は、同島の各学校を訪
問し、調査する承諾を得るとともに、同大学区の教育施策の全体像について視

学官 (Inspecteur) にインタビューするためであった。

　フランスは、伝統的に中央集権的な行政制度を施行しており、教育行政も例外ではない。そして、この大学区における各学校や教職員の実施する教育活動に対して、監督の任を果たしているのが視学官である。

（1）マルチニークにおける優先教育

　フランスでは、1981 年から、社会的に教育条件の比較的悪い地域に対して、教育上の不平等改善のための優先教育が始められた。その制度的スキームがÉCLAIR（エクレール）である。

　エクレールは、優先教育の新しい名称であり、その最大の制度的特徴は、プレフェ（PREFET）の配置である。プレフェは、各学校の数学と国語の教科の学力向上を目指して配置されているもので、主に数学と国語の教科教育の研究主任のような存在である。法律上、プレフェは、校長によって任命される。マルチニークの優先教育校 10 校には、20 名余りのプレフェが配置されている。

　プレフェの基本的な役割は、以下の 3 つである。①コーデイネーターの役割、②説明責任を果たす役割、③教科内外の教員間の連携など関係性の構築である。この役割をプレフェが果たせているか否かが、エクレールの成否を分かつとされる。インタビュー調査に応じた視学官は、「プレフェのタイプは、大別して二つがあり、一つは、一般教員と関係性を築こうとするタイプであり、もうひとつが指導的立場に立とうとするタイプであるが、前者のタイプの方が、その役割を果たす上で効果的だ」と評していた。

（2）マルチニークを含む西インド諸島地域の社会科（歴史地理 / 公民教育）教材

　中学、高校の歴史地理 / 公民教育の教科書は、2010 年代にマルチニーク大学区、グアドループ大学区、アンティル大学区の 3 つの大学区の共同で出版された。初等教育についても、既に他の執筆者によって刊行されてきている。

　フランスの初等教育教科書は、基本的に多文化共生をかなり意識した内容に

写真 2-5　小学 6 年生 (日本の 5
年生) 公民教科書 (表紙)

写真 2-6　中学 1 年生 (日本の 6 年生) 公民教
科書 (第 1 課　多民族共生の学習)

なっている (写真 2-5、2-6)。けれどもフランス本国で作成される教科書は、ヨーロッパ諸民族の視座を基盤とした記述となっており、マルチニーク等の海外県の子どもにとっては自己のルーツや地域社会の地理・歴史を理解するには不十分な点も多い。そのため、カリブ海地域には、それぞれの諸島の人々が納得と理解ができるような独自の教科書、教材が必要と考えられている。そのため、教科書作成にあたり、関係者のシンポジウム等を開き、情報と意見の交流を踏まえて、それぞれの地域の歴史と文化を主体とした教科書等の刊行が行われてきているのである。

2．マルチニークの初等教育―「共生」教育の実践

(1) 保育学校

　フランスの保育学校は、初等教育の一部と位置づけられ、2 歳から 5 歳の子どもを受け入れている。フランスでは 2019 年から義務教育開始年齢が 3 歳となったが、それ以前から 3 歳から 5 歳の子どもは、ほぼ 100% 保育学校に就学しており、同学齢期の子どもの就学率は世界最高である。マルチニークも例外ではない。保育学校の教員も小学校教員と同等の養成課程を経て採用され、教育水準が高いとされる。

　フィールド調査の一環として訪問した保育学校 (ECOLE MATERNELLE D`APPLICATION de L'ANSE-MADAME) は、2 クラス (3 歳クラスと 4・5

写真 2-7　保育学校　授業風景

写真 2-8　折り紙のリトミック実演の様子

写真 2-9　二言語絵本
Miminou (表紙)

写真 2-10 二言語絵本Miminou (内容)

歳合同クラス)で、1クラスごとに教員1人、補助員1人の2名が担当していた。4・5歳児合同クラスは在籍児25人、内訳は、4歳児15人、5歳児10人である。授業冒頭、出欠を教員が子どもと確認し、本日の年月日と曜日を斉唱して授業が始まる。見学時の学習は、文字、図形などの教科学習で、学習形態は、7人程度のグループに分割して、学習活動が行われていた (写真 2-7)。

　見学時には、筆者が、4・5歳児を対象に、現地の教職員と園山教授の支援を受けつつ、日本から持参した折り紙で折り鶴のリトミックを実演するなどした (写真 2-8)。

　また、同校長 (Liv Matyez-La) より自著の絵本『Miminou』を贈呈された。Matyez-La 氏は、クレオール語でグリム童話本刊行などを手がけたクレオール教育の中心的人物である。贈呈を受けた『Miminou』(写真 2-9、2-10) はクレオール語とフランス語で記された絵本で、この2言語対訳絵本は、幼児の貴重な多文化共生教育教材である。

（2）小学校

　一般に、フランスの小学校は学齢6歳から10歳までの5学年制である。小学校は、基本的に校長をおかない。8クラス以上の小学校では、一般教員が校長職の事務を週に1日兼職するが、校長の権限はない。校長の権能は、その小学校の属する中学校の校長に属する。

　マルチニーク、グアドループ等温暖な海外県では、小学校は8時始業、中高は7時始業が基本である。日中は熱く、学校にはエアコンがないため、比較的気温の低い時間帯に授業を実施する。そのため、生徒の朝は早くから始まる。4時頃に起床し、農作業など家の仕事を手伝ってから登校する生徒も珍しくない。

　また、フランスでは、初等教育アドバイザーが配置されている。初等教育アドバイザーは学校教員経験者がほとんどで、視学官を補佐し、初等教育（小学校・保育学校）教員の相談、支援を行う。筆者が保育学校と小学校を視察時に、視学官とともに同行したアドバイザーは、小学校26校、保育学校12校の合計38校を受け持っており、その担当校の教員総数は約300人とのことであった。

小学校におけるインクルージョン教育と持続可能な開発に関する共生教育

　視察した小学校には特別支援学級がなく、障害児と健常児のインクルージョン教育に取り組んでいる。視察クラスには、発達障害の児童が在籍し、支援員が要支援児の隣席でサポートするほか、担任も適宜指示を与えるなどしながら授業をすすめていた。

　また、視察校では、子どもの考える「町づくり」の年間学習プロジェクトが取り組まれていた。これは、持続可能な開発をテーマとした環境共生教育の一環であり、この「町づくり」プロジェクトには、島内の植物園へのフィールド・ワークや環境保護に取り組む人たちへのインタビューも含まれている。さらに、そのような体験から感じたことを自作の詩（韻を踏んだもの）にして表現する学習も行われている。

　児童（小学校2年生21人）が創作中の「緑のある住宅」の模型（写真2-11）は、「子どもの考えた理想のまち」として一体化され、校内プレゼン後、文化セン

ターで展示を予定とのことであった。

　このような「持続可能な開発」の学習等
は、フランスの学習指導要領に即したもの
であるが、必ずしも教科書どおりでなく、
独創的で、地域の特性を生かした教育実践
である。なお、植物園へのバス代などの費
用の自己負担部分については募金によって
まかなわれていると、クラス担任から説明
された。

写真 2-11　小学校の環境共生教育「子
　　　　　どもの考えた理想のまち」
　　　　　づくり

　マルチニークでは、初等教育の特別支
援教育や環境教育のなかで、「共生教育」が幅広く、かつ日常的に取り組まれ
ている様子がみられた。

3．中学校の優先教育と多文化共生

　2013年のフィールド調査時において、マルチニークの公立中学43校のうち、
優先教育校は10校で、そのうち5校を訪問した。その第一印象は、いずれの
校舎もデザイン性が高い建造物で（写真2-12 〜 16）、一般的住宅の簡素さや
建造年の古さに比べて（写真2-17）、その近代的デザインと最新設備を備えた
重厚な校舎は、地域の中でも際立っていた。

　植民地時代と比することはできないまでも、マルチニークでは、現在も白人
系住民の経済的優位性は、郊外の高級住宅地と ZUS（都市困難地域）の様相を
一瞥すれば、一目瞭然である。そのような社会的背景の下では、「教育におけ
る平等の実現」を目指す優先教育は、多文化共生教育と表裏一体のものとして、
実存しているように思われた。

　マルチニークはフランス全土のなかでも、先行的に優先教育を実施した8大
学区の一つであり、このことにもマルチニークがおかれている困難な状況が現
れている。

写真 2-12 Robert3 中学

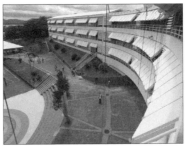

写真 2-13 Paul Symphor 中学（ロ
ベール湾岸の中学校）

写真 2-14 Julia Nicolas 中学
（Fort-de-France 市中心
部にある中学校）

写真 2-15 Aimé Cesaire 中学
（Fort-de-France 市のＺ
ＵＳ地区の中学校）

写真 2-16 Terreville 中学 (郊外に
ある学校)

写真 2-17 ＺＵＳ地区の街角

（1）中学校における優先教育の実情と課題

　マルチニークの「優先教育」中学校は、それぞれ学区の地域性や教育目標の違いから、その教育実践の内容や課題への取り組み方は多様である。ここでは、訪問順に、その教育実践の様子を紹介していきたい。

　なお、ここに紹介する学校関係の教職員のうち、COP（進路指導専門員）は、各地区の複数校を担当している。このCOPは、教科指導を担当する教員とは養成課程も別で、進路指導の専門職として養成されている。

　また、CPE（生徒指導専門員）は学習支援アドバイザーでもあり、COP同様、教科指導担当の教員とは別に生徒指導の専門職として養成される。CPEは、「市民性教育」を担当することもあるが、教師ではないので、「市民性教育」は教科教育の範疇には含まれない。ただし、社会科の教師とチームティーチングで教えることもある。生徒の自治会指導もCPEの職務に含まれている。

　また、看護師も学校に配置されているが、日本の養護教諭と異なり、特定校の専属職員とは限らない。近隣の小学校と兼任し、半日ずつ勤務という勤務形態も見られる。SSW（スクールソーシャルワーカー）は、福祉の専門家として、外部職員の立場で学校に関わっている。学校との関係は、SW（ソーシャルワーク）の場所を学校から借りるという関係である。したがって生徒本人の了解がないかぎり、相談内容は、校長も含めて学校側に伝えることは、原則的にない。ただし、支援の必要な生徒についてはCPEから依頼や情報を得て、連携することはある。SSWも学校看護師と同様に近隣の複数校（小学校、幼稚園等）を担当していることが一般的である。

　マルチニークの中学校の約半数にメディエイターが配置されている。メディエイターは、大学区で1年間のトレーニングを受ける。その職務は、子どもからの相談にのり、悩みを聞いたり、問題があれば、それを関係教職員に伝えることである。雇用形態は、1年更新の期間雇用である。政府施策としては、若年者の雇用促進事業の位置付けである。メディエイター就業経験を経て、公務員や会社員として正規雇用に移行することをめざしている。

（2）ロベール3（Robert3）中学

施設と教育課程の特色

　2013年のフィールド調査時において、同校は1学年5クラス体制で、全校生数は524人。他の学校と同様に、生徒のほとんどが黒人系。白人系の生徒は男女とも数人であった。

　校舎は2008年に竣工し、太陽光発電設備をもつ綺麗な建造物である。校舎は、オレンジ、黄緑、緑、ライトブルーの色に塗り分けられている。オレンジ色の校舎は、言語（スペイン語等外国語学習）、理科（視聴覚機器設置）、芸術関係の教室。黄緑色の校舎は、一般教室（クラス定員は22〜23人。学級担任制。日本同様、教科指導は教科担当者が授業）。緑色の校舎はテクノロジー（PC10台程度配置。実習系科目は定員が半分のためPCも10台程度で足る）。ライトブルー色の校舎は事務・管理部門施設、特別支援教室等（同支援教室の所属生徒は脳性麻痺生徒など10人）。

　教育課程の特色として、SEGPA（普通職業教育適応科）が2コース（「調理・サービス」、「裁縫・被服・皮革・革製品」）設けられている。

　一般的には、優先教育の対象校に認可された学校は、社会的評価が下がり、生徒が集まらなくなる傾向がみられるが、同校は、成績中間層にも手厚い指導体制を用意し人気を高めている。そのひとつが、ラテン語クラスの設置である。現在中学2年生の35人がラテン語を選択しているが、フランスでは、ラテン語選択者は学習意欲の高い生徒とみなされ、同校が他の同規模校よりもラテン語選択者が多いこと（同校の約3割の生徒が選択）が同校の評価を高めている。

　第二の理由は、バイリンガルクラスの設置である。スペイン語と英語の2つを選択するカリキュラムがあり、これを選択した場合、外国語で地歴、数学などの科目を受けることになる。それは、生徒の高い能力を証明し、大学入学につながる。

　また、吹奏楽のオーケストラがあることも人気の理由とされ、調査時には80人が所属していた。

低学力の生徒への教育支援

　教育支援は、週に2時間（1回30分×4日）、昼休みに実施されている。政府の方針は、放課後の実施を求めているが、同校の生徒の多くはスクールバスによって通っており、保護者の送迎にも支障があるため、昼休みに支援が行われていた。

　低学力の生徒に対する支援は、生徒の興味関心を生かしながら行われていた（たとえば、スポーツ、芸術など）。作成された作品は、図書室や食堂などに飾られている。このように、学力支援のなかで作成された品を飾ることで、支援対象の生徒は、自尊感情やアイデンティティの涵養を図ろうとしている。

　また、授業以外の場面での生徒と教師の触れ合いも教育支援のプラス面である。同校では、教育支援員として1日に5人の非常勤スタッフが配置されている。5人のスタッフは、CPEの指導下にあり、昼休み中に教員にかわって生徒の指導をする。このスタッフは、学生が担当することが多い。

　社会党政権下では、アソシエイション（協会）や市町村自治体がもっている活動も学習支援の受け皿となるため、それら団体に補助金交付して、支援内容の充実を図ろうとしていた。たとえば、演劇、サッカーなどの課外活動において、教員以外のマンパワーや社会的資源を活用している学校もあり、そのようなリソースを上手にコーディネートできている学校は、生徒の参加率も高い。スポーツや芸術を通じて、学習への姿勢、レディネスをつけることは、教育支援としての意義をもつと考えられている。

問題行動への対応―生徒指導（教育）委員会

　問題事案に対する懲戒処分の可否を決する際に開かれる規律委員会は、2012年度の9月からの半年間（フランスの新学期は9月から始まる）に1回開かれただけで、生徒の問題行動はおちついている。これに対して、生徒指導委員会では、日本の生徒指導では問題にならないような案件も含めて、取り上げられ、15日に1回、年間26回同委員会を開催している。構成メンバーは、校長、副校長、COP（進路指導専門員）、CPE（生徒指導専門員）、SSW、看護師、生

徒代表(学級委員)、当該生徒本人、当該生徒担任等関係教員、必要があれば、プレフェも入る。2013年のフィールド調査時には、3月に開催された同委員会にも参加し、その様子を視察した。この時の委員会では、16件が取り上げられた(同委員会では、通常、同程度の件数である)。重大な問題行動に対しては、最大2週間(8日)の出席停止が科され、この停止期間中に、消防署でのボランティア、防衛訓練参加(規律を守るため)等をさせることもある。

　フランスの学校教育全体では、学校で勉学し、家庭で道徳や生活態度をしつけるという、学校教育と家庭の子育ての区分と両立が基本的な社会認識として定着しているが、「優先教育」の指定校における問題行動への対応としては、学業困難の問題と生活態度の問題はリンクしているとの視点から、家庭での指導が不十分な場合も少なくないので、学校でも生徒指導が必要になってきているとの話が校長から聞かれた。このような視点と対応については、日本の生徒指導との共通性を感じずにはいられなかった。

(3)ポール・サンフォール(Paul Symphor)中学

　同校は、マルチニーク東海岸のロベール湾岸を望む中学校である。校舎の廊下には、パリの街路のように通りの名前が付けられ、その通りのネームプレートのデザインはパリの標識と同じものに統一されていた。マルチニークの県都フォール・ド・フランス(Fort-de-France)の市街も、パリ市内と同様に通りの名称が掲示されており、県都から離れた同校でも、校内を歩くだけで、パリへの憧憬が沸き立つような雰囲気が校内に醸成されていたことは印象的であった。

　また、校長室には、チェスやマラソンの優勝カップがいくつも飾られ、フィールド調査の際には、同校校長の従兄弟が数年前に訪日したとのこともあってか、非常に親日友好的な歓待をうけた。同校では、学業困難あるいは指導困難な生徒の指導に関する委員会に参与観察の機会を得たので、主として、この委員会について紹介したい。

困難を抱えた生徒の指導に関する委員会

　委員会の審議の対象になるような生徒を発見した教員は、生徒のアセスメントシートを作成する。それに基づいて、担任とCPE（生徒指導専門員）が相談し、そのうえで、その生徒に対して委員会で審議する必要あると判断したとき、委員会に当該生徒のケースが係属される。

　その基準は5つある。1．教育的な理由、2．医療的な理由、3．社会的な理由、4．進路上の理由、5．精神的な理由、あるいは、これらの基準が複数重なっているときである。日本との比較では、日本における生徒指導が問題行動に対する対応を協議する場であるのに対して、同校の委員会は、医療的、心理的な面でのケア、進路上の課題や生徒のおかれた社会的環境に関する対応を議論の対象としている点に大きな違いがある。すなわち、日本に比して幅広いテーマについて、多様な観点から支援をするスキームとして、このような委員会が機能している。

委員会の構成と協議のテーマ

　CPE、COP、教員（視察時は言語科の教員であったが年度によって変更がある）、SSW、MGI（メディエイター）、看護師、校長、副校長によって委員会が構成されている。ロベール3中学の生徒指導（教育）委員会と同様、15日に1回の会議が行われている。同委員会では、生徒の問題行動のみならず、前述の審議係属事由に示されているように、家庭の経済状況、心身の疾病や障がいに関して生徒が抱えている問題、進路選択上の悩みなど、日本の生徒指導の対象にはならないテーマが議論され、それへの対応が話し合われていた。

　そして、同校の管理職とのインタビューでは「学力低下対策とは、生徒個々のニーズに応じることである」との指導方針が強調されていた。この点について日本の教育政策との比較すると、日本の学力対策は、あまりにも学習指導面での対応に議論が限定的でありすぎる傾向があり、やや視野狭窄的議論に陥っている可能性に気づかされた。日本の学力対策を考えるときに極めて有益な示唆を得た感が強い。

（４）ジュリア・ニコラ (Julia Nicolas) 中学

学区と学校の概要

　同校は、県都フォール・ド・フランス市の中心部にある学校である。午前7時の始業時間の10分前に正門が開門するので、開門時間の前には、1時間目から授業のある生徒が正門前に多数集合している。生徒が学校に入るとすぐに閉門され、安全確保が徹底されている。同校は、大半の生徒が徒歩通学であるが、保護者による自動車の送迎も少なくないので、登校時間帯は学校の周辺道路は混雑する。市内中心部にあるため、部外者の入校には、他校に比して厳重である。私と園山教授のパスポートはゲートキーパーが入校時に預かり、退出時に返却された。視学官も身分証明書の提出を求められて、視学官から同校の来訪者対応に異議申し立てがあったが、ゲートキーパーからは「規定どおりである」旨の返答があり、部外者の入校時の取り扱いに変更はなかった。後に聞いたところでは、入校を厳しくコントロールする契機は、以前の不正侵入者による事件とのことであった。

　同校の在校生の経済・社会状況の厳しさは、奨学金受給者率が45%であり、中学校の修了率は76%であることなどに表れている。同校の修了率は、全国平均からみてやや低い。生徒総数は470名余り (2013年) で、多い年には700名を超えていたとのことである。学校規模は、4学年で18クラス、外国人クラスが1クラスある。教員数は30人であった。

施設の構造と概要

　校舎は4階建て、国民教育省（中央政府）が発注した設計デザインは斬新だが、教員の意見を反映できず、階段の暗さや狭さ、利用がしにくい中庭や吹き抜け等の無駄な空間が目立ち、教育活動に支障のある構造になっているとのことであった。校舎の構造上の問題や死角が多いため、中庭付近などには監視カメラが複数設置されている。なお、今回視察した他の中学校に比して、校舎の落書きが散見された。エレベータが設置されているが主に障害者用で、教員全

員がエレベータの鍵をもち、必要に応じて利用できるが、使用後の施錠が義務付けられている。400 人規模の学校としては、校庭が非常に狭い。

　中庭に面した小さい部屋は CPE の部屋に隣接しており、遅刻ないしその他の問題行動に対する指導を受ける生徒が集められていた。

教育内容の特色―ヨーロッパ学科と防衛訓練など

　フランス人の学ぶ外国語のなかで、英語の次にスペイン語の選択者が多い。同校には、スペイン語はコースがあり、第 6 学年（日本の中学 1 年）から、このコースを選択できる。一般的には、第 4 学年（日本の中学 3 年）から、二つの外国語を学ぶが、このコースは 2 年前倒しで、学習できる。子どもに、多くの言語を学ばせたい保護者は、このような学科のある中学校への入学を希望するので、同校としては、このようなコースの設置で、学校の人気を保とうとしている。

　また、フランスでは、2000 年から徴兵制がなくなり、これに替えて、16 歳から 18 歳の男女すべてに 1 日の防衛準備招集（防衛の日）が義務化された。フランスの非識字率（約 1 割）もこの時に判定している。

　同校では、防衛訓練を学校における市民性教育の一環として実施している。16 歳（第 4 学年）の生徒から選抜された生徒が 2 週間に 1 度の割合で 1 年間の訓練を行う。この訓練の参加生徒には、学業困難で、訓練への意欲のある生徒 15-16 名が選抜されている。訪問先は、軍、消防署、警察署などである。同校が市内中心部に立地し、徒歩圏内にフランス軍軍港（海軍施設）があるため、このようなプログラムに取り組みやすい環境にあり、同校の教育課程の一つの特色である。2012 年度（フィールド調査の実施年度）は、この訓練の担当教員（引率者）は、体育教員 1 人、社会科教員 1 人であった。

　その他に、科学とテクノロジーの統合教育についても、同校は積極的に取り組んでいる。この統合教育は、教科横断的な内容で、第 6 学年（日本の中学 1 年）を対象とした授業である。マルチニークでは 4 中学校だけが、このカリキュラムを行っており、同校はその 4 校のうちの 1 校である。

特別支援教育

　フランスでは、2005年に障がい者法が成立し、以後、障がいのある児童生徒を一般校へ受け入れるインクルージョン教育がすすめられている。同校でも、身体障がい、視覚障がいの生徒を積極的に受け入れることで、エレベータ設置など予算上の優遇措置のみならず、教育上の効果も生んでいるとのことである。

　また、指導困難な生徒のみならず、校長、教頭、CPEとも2012年度9月から転任してきたばかりであるが、親との関係を重視し、学校のカリキュラム見直しなど、イメージ向上と学校改革に努めているとのことであった。

（5）エメ・セゼール（Aimé Cesaire）中学

学校の概要

　同校の校名は、マルチニーク出身の詩人・劇作家であるエメ・セゼールの名に由来する。エメ・セゼールは、ネグリチュード運動（黒人が黒人性（ネグリチュード）の尊厳に目覚め、同化政策を拒否する文化運動）を主導し、さらに1945年から2001年まで県都フォール・ド・フランスの市長を半世紀以上も務めた人物であり、マルチニーク島で最も有名な政治家と言ってよい。

　同校の生徒数は460名（2013年3月）で、そのうち非富裕層55.5%、奨学金受給率80%である。2〜3割の生徒は、勉強に熱心であるが、それ以外のおよそ7割の生徒は熱心とはいえない状況とされる。校舎は元小学校を改装したもので、少なくとも2013年の調査時点では、他の中学に比して施設面でも恵まれているとはいえない。

　生徒の転出入が多いのも同校の特徴である。それは、保護者の職種に、季節労働者が多いからであり、収入の変動も大きい。また同校の校区は、ZUS（都市困難地域）（写真 2-17）の指定を受けている。そのため、自治体からの支援プログラムを受け入れているが、後述のように、そのような社会資源を教育支援に活用可能な学校でもある。

特色ある教育活動―法教育プログラムなど

　「第1回市民司法機関をめぐり歩くプログラム」(1er　Parcours citoyen Justice)が2012年11月26日〜12月12日に開催された。これは、裁判所、警察署などを見学し、最後に、その学習成果について筆記試験をうけるプログラムであった。同校は、第4学年(日本の中学3年)の全員(154名)を対象に、同プログラムを実施した(9名が未了)。このプログラムの修了証授受の式には、市長、警察署長、裁判所長等が参加し、出題・採点は、これらの関係機関スタッフが行った。キーワードは「チーム、共生、適応、価値付け(Valoriser)」であり、校区近隣の社会資源を生かした教育的意義が高いプログラムであったという。

　また、その他に同校の特色あるカリキュラムとして、外国人クラスが1クラスある。このクラスの生徒の国籍は10カ国に及ぶ。また、国際学科もあり、外国語の学習に対するインセンティブがある学校である。

　そして、課外活動として「審判員」のクラブがある。このクラブはルールを守ることの意義の理解を目指している。このような学校と連携している団体やクラブが約20ある。その他、教育支援員が、第3学年(日本の中学4年)に中学校修了試験に向けた学習を、教員とともにサポートしている。

　エクレールの新しい試みとして行われているプレフェに対して、インタビュー調査の時点で、同校管理職としては、「(同校における)すべてのプログラムは個別対応できているため、特段、プレフェを必要としない」と考えており、「個々のニーズを見極めて、その子どもに応じた方法を見出すことが大切で、個々人に寄り添うことが、すべてのプログラムに貫徹されていれば、プレフェは不要ではないか」と述べられていたことも印象的である。

(6)テルヴィル(Terreville)中学

学校の概要

　同校視察時に校長とCPEが不在であったため、同校の図書館司書に校内の

案内と教育的取り組みについて、解説をしていただいた。同校は、郊外にあり、市内の学校に比べて、空間的ゆとりが感じられた。また、周辺宅地は高所得者階層が比較的多い。

　司書の説明によると、フィールド調査時の３月が「女性の月」であることから、同校地歴科の教員で歌手でもある女性教員、島内のトライアル（山岳部を含めて80～100キロ以上を走る競技）のチャンピオンの女性、ミス・マルチニークとなった後ミス・フランスに選出された同校教員などについて、学校図書室内でパネル展示がされていた。

学校図書館について

　同校に限らず、マルチニーク島内の学校の図書室は、日本の一般的な中学校に比べて蔵書数は少ない。ＰＣが配置されている学校は多いが、どの程度活用されているかは不明である。

　前述のロベール３中学では、学力支援による作品（モザイク画、環境教育、ヤシの実や貝の作品、）の掲示、展示などに図書室が活用されていたが、図書室の利用形態は、学校によって様々である。生徒の利用施設としては、例外的にクーラーが設置されている図書室もあるが、それでも休み時間の生徒の来訪は少ないように感じられた。また、同校に限らず、図書室に来る生徒は、雑誌を見に来る生徒が多い。今回のフィールド調査時の聞き取りでは、中学生全体として、文章を読む力の乏しい者が多く、図書閲覧においても、文字よりも絵や写真を見ることの方が多いという話を複数の中学で聞いた。

４．ノール・カライブ（Nord Caraïbe）高等学校
－マルチニークの観光業を担う総合制高等学校

（１）学校の概要―F. Lambert 校長のインタビュー調査より

　同校は、総合制高校（普通、技術、職業）であり、職業高校（ホテル業科、観光科）として CAP（職業適応証）、BTS（高等技術証）の認可校である。また、社会人

教育（GRETA）の受け入れ校でもある。県都フォール・ド・フランス市中心部から車で 30 分ほどの郊外に新設された高校であり、同校地元の地域振興も兼ねて、あえて交通の便の悪い地域に同校が設立された。

　管理職は、校長、教頭のほか、実習指導担当主任（Chef de travaux）が配置されている。実習先は生徒自身が探してくることになっている。トラブルが生じたとき、この実習指導担当主任が対応する。

　職業高校の教員は、企業での職務経験を有し、かつ教員免許も保有している者である。同学校の場合、ホテル・観光業での勤務経験のある教員が多い。

（２）施設の概要

　校舎は 2006 年 11 月築で、2013 年当時は、マルチニークの高校で唯一の耐震建築であった。職員数約 70 人。職員室には訪問時に 10 人ほどの教員が在室。長机（2-3 人用）がロ字の形に 10 個、デスクトップ PC 2 台、コピー機 1 台という配置で、日本のように職員室に教員個人用のデスクはない。

　校内には、実習用のホテル施設があり、一泊シングル 35€、ダブル 40€ で提供し、実践的な学習ができる。生徒の寮もあり、4 人 1 部屋である。

　また、校内の実習用レストランは、一般市民にも解放されている。見学時にも、十数名の一般客に実習生（3 年生 12 人（調理 6 人・フロア 6 人）が一グループを編成し、順次実習を行っている）が応対していた。また、我々も同校高校生の実習による調理・接遇を体験した。

（３）海外との研修提携

　2013 年には京都の提携校に 1 ヶ月以上の海外研修を実施予定があり、日本の学校（専門学校）との提携も計画されていた。さらに、日本の提携校から、調理師が来訪し日本料理などの調理法（魚料理、コメを用いた料理など）を学ぶプログラムも進められていた。

　また、3 年生 3 クラス全員をニューヨークに 10 日間派遣するプログラムも実施している。自己負担分の費用は、学園祭におけるカンパ、スーパーマーケッ

トにおけるサービスなどによる募金でまかなったという。

（4）教育課程

　同校の教育課程は、大別すると以下の3つのコースになるが、各生徒の教育は、個々の生徒の志望にそったプロジェクト型である。そのため進路指導担当教員、生徒指導担当教員、SSW、看護師、管理職（校長・教頭等）、担任と生徒本人（必要に応じて保護者）が協議して、個別に対応した教育課程になっている。

　①バカロレア・コース（3年制）は、普通（文系・経済社会系・理系）、技術（ホテル業コース・レストラン業コース）、職業（サービス業コース・調理コース・ソムリエコース）に分かれている。

　なお、フランスのバカロレア（Baccalauréat）とは、フランス国民教育省が管理する、高等学校教育の修了を認証する国家試験である。国際バカロレアとは関係がない。フランスのバカロレアは、「普通」、「技術」、「職業」の3種類がある。同校の3つのコースも、この3種に対応している。2019年には18歳に達したフランス国民の80%がバカロレアを取得している。フランスでは、バカロレアの取得により、どの大学にも入学できるが、大学の定員を超えた場合にはその成績や居住地等に応じて、入学できる大学が決まる制度になっている。

　②CAP資格（2年制）取得のコースは、CAP（職業適応証）資格の獲得を目指すコースである。この高校で取得をめざすCAPは、「料理」、「サービス」、「パティシエ」、「ホテル（清掃・リネン整美）」である。

　③その他のコースとして、進路種別変更（MAN）に伴って1年間の予備学級（ホテル業コース）やバイリンガル教育で英語を学んだり、数学と科学を学ぶコースなどがある。

5. 教育こそ未来への希望

　火山の島マルチニークは、1902 年のプレー (Pelée) 山大噴火により、当時の県都だったサン・ピエール市が壊滅し、約 30,000 人の死者が出た。また、近海では 6 月から 11 月にかけてサイクロンが発生し、夏季の観光業や漁業には困難な自然条件である。マルチニークの中途退学者支援センターによれば、そのような自然環境もあって失業率は 20% を超え、特に 30 歳未満の若年労働者の失業率はおよそ 50% に達する。また、中等教育修了資格がない 30 歳未満の者の失業率は 70% を超えている。このような厳しい状況のなかでも、今回のフィールド調査で出会った子どもたちが授業中に見せてくれた真剣な眼差しや明るい笑顔は、特に印象深い。それとともに、ロベール 3 中学校で開催されていた多教科合同の中学教員研修会 (写真 2-18) における教員の熱意あふれる姿勢も忘れられない。

　マルチニークの子どもたちにとって、「教育」とは何か。フランス本国の大学等へ進学など世界で勇躍し、あるいは観光業や教育界等で地域振興の担い手となるためには、教育こそが子ども自身と家族や地域の人々にとって、豊かな未来への希望である。それは、まさにマルチニーク島民全体にとっても「未来への希望」と言ってよいだろう。また、その目指すべき未来社会が、多文化共生の世界であることも、マルチニークの教育関係者は十分に自覚し、一歩ずつ実践を積み重ねているように思われた。それは、日本の多文化共生教育にも貴重な教示と示唆を与えうるものである。

写真 2-18 中学教員研修会の様子

参照資料
園山大祐 (2007)「フランス海外県の悩みと展望－レユニオン県から」『文部科学時報』1588:75
園山大祐 (編著) (2012)『学校選択のパラドックス - フランス学区制と教育の公正』東京：勁草書房
二宮皓 (編著) (2006)『世界の学校－教育制度から日常の学校風景まで』東京：学事出版
Lucrèce,Andrë (2007) Martinique d'Antan.Paris :HC Editions
Matyez-La,Liv (2012) Miminou. Fort-de-France:EXBRAYAT
Nicole,Raphaël (2012) Histoire des Antilles Francaises. Fort-de-France:FRISE

第3章　ニュージーランドの修復的教育
—いじめ問題への対応を中心に

　いじめ問題は、子どもたちの心身の発達と尊厳を保障するうえで極めて重要な教育課題である。それは、世界共通の教育問題であり、日本も例外ではない。本章では、いじめ問題への対応を中心に、ニュージーランドの修復的教育について、修復的教育の実践状況、その社会的・制度的背景及び理念を紹介し、わが国のいじめ問題解決の一助となればと思う。

　ニュージーランドの修復的教育 (Restorative Education) について語るときには、その理論と実践の両面において、その社会的基盤となっているリストラティブ・ジャスティス (Restorative Justice) について触れておかねばならない。
　リストラティブ・ジャスティスは「修復的司法」や「修復的正義」等と訳されることが多い。これは少年犯罪に対して、被害者側と加害者側の参加する家族集団会議 (Family Group Conference、以下 FGC と略記) における対話と和解を通じてコミュニティにおける人的関係性を修復し、被害者と加害者双方に満足度の高い問題解決をはかろうとする理念と手法である。ここでは、まず修復的教育の社会的・制度的基盤であるリストラティブ・ジャスティスについて概観し、その理解を前提として、ニュージーランドの教育制度の特色を概説したうえでニュージーランドの修復的教育の実例を紹介していこう。このように、いじめ問題への教育的対応について比較教育制度学の視点から検討を加えることは、わが国のいじめ対応を考えるうえで、貴重な示唆を与えるだろう。

ニュージーランドの民族と学校

　ニュージーランドは、南半球にある島国で、面積は約 27 万 km^2（日本の約 4 分の 3）、人口は約 500 万人（2022 年）である。
　ニュージーランドの民族別人口構成は欧州系（70.2％）、マオリ系（16.5％）、太平洋島嶼国系（8.1％）、アジア系（15.1％）、その他（2.7％）（2018 年国勢調査）[1] である。欧州系の移民が人口の大多数を占めるが、ニュージーランドの

原住民であるマオリの言語や文化は、教育や社会生活全体のなかで、尊重されている。

　義務教育は6歳〜16歳だが、5歳になると小学校への入学が許可されるため、ほとんどの子どもは5歳の誕生日の翌日から小学校に入学する。児童、生徒は一人一人が誕生日ごとに入学するため、ニュージーランドでは学校の入学式はないが、ほとんどの学校は4学期制で実施されている。授業は、夏休み（ニュージーランドは南半球に位置するので日本と夏冬は逆になる）が終わる1月下旬から1学期が始まり、12月中旬に4学期が終わる。学期と学期の間には2週間ほどの休み（School Holiday）がある。

　学校の種別は、小学校（Primary）、中学校（Intermediate）、高校（Secondary）、大学（University）で、それぞれ、小学校は5〜10歳、中学校は11〜12歳、高校は13〜17歳の子どもが在籍している（中高一貫校もある）。高校は High School、College、Grammar School と呼称は違うが、ニュージーランドのほぼ全ての高校では NCEA（National Certificate of Educational Achievement）に沿ったカリキュラムが実施されている（一部、国際バカロレアに準拠する高校がある）。この点については、日本をはじめ多く国々では、高校程度の学校教育ではカリキュラムや授業レベルが学校ごとにかなりの違うのが一般的であるが、ニュージーランドでは統一的カリキュラムと評価基準があるため、学校による教育格差は非常に小さい。このことは、ニュージーランドの学校教育の特徴の一つである。

　私がフィールド調査で訪れた Waiuku College は全生徒数が857名（2014年）でそのうち欧州系76％、マオリ系18％、太平洋島嶼国系1％、その他（日本人留学生3名を含む）5％の民族構成比で、男女比ほぼ同数の公立学校（Secondary School）で、学校規模、民族別人口構成比の点からいえば、ニュージーランドの平均的な中等学校（年齢13歳〜18歳）であるが、私がフィールド調査の対象校としたのは、同校が修復的教育を積極的に導入している学校だったからである。

修復的教育導入の社会的背景としてのリストラティブ・ジャスティス

　1980 年代までのニュージーランドでは、応報刑的司法制度の下で年々犯罪数や刑事施設収容者数が増加したばかりでなく、先住民であるマオリの収容者比率が民族構成比をはるかに上回っていた。このような状況のなかで、マオリの伝統、すなわち地域共同体であるコミュニティと大家族制に基づくリストラティブ・ジャスティスの運用が 1989 年の「児童、少年及びその家族法」(The Children、Young Persons and their Family Act) によって確立し、さらに 2002 年の刑事司法制度改正以降、成人犯罪にも法律上の措置としてリストラティブ・ジャスティスが導入されてきている[2]。

　国家レベルで、原則的にリストラティブ・ジャスティスを適用するという法制度の立法化は世界初の試みであったが、それは少年審判に付される児童・少年の数、拘禁収容者数の減少につながり、被害者の救済にも成果をあげてきたとされる[3]。

　このような歴史的経緯から、教育現場においてもリストラティブ(修復的)な取り組みがすすめられ、民間団体 Restorative Schools (2007 年創設) による実践・研究の交流、教員研修などがおこなわれている[4]。Waiuku College も Restorative Schools の実施する教員研修を積極的に活用している学校の一つである。

1．ニュージーランドの学校教育の特徴と修復的教育

　いじめ事件など学校現場のコンフリクト状況に対する事前・事後の対応として修復的な教育実践を進める先進的教育現場の一例として Waiuku College の様子を紹介する前に、もう少しニュージーランドの教育の特徴について触れておきたい。

　前述のように、ニュージーランドの子どもたちの学校教育は 5 歳の誕生日かfrom始まる。そして 16 歳の誕生日(第 11 学年)で義務教育は修了するが、19 歳の誕生日後の 1 月 1 日まで授業料無償で教育を受けることができる。

　生徒は第 11 学年の年度末に行われる National Certificate of Educational

Achievement（NCEA）による Level-1（義務教育卒業試験）、第 12 学年の Level-2、第 13 学年の Level-3（NCEA 大学入学資格試験）を受験することになっている。また、このような試験制度や公的機関である New Zealand Qualifications Authority（NZQA）から認可・監督がなされていることから、前述のように教育水準の学校間格差は日本や英米諸国に比して少ない。他方で 1989 年教育法に基づいて、学校理事会を学校経営の主体とする自律的学校経営が行われているため、学校経営や指導方法の実情は学校によって異なる。

学校理事会は保護者代表（3〜7 名）、校長、教職員代表（1 名）、生徒代表（1 名）、共同選出による代表（保護者代表数を超えない人数）で構成され（中等学校の場合）、予算の立案・執行、校長も含む教職員の任免、教育課程の編成など学校経営全般の最高決定機関である[5]。

Waiuku College でも Vanderlaan 校長（2014 年調査当時）の任用に際して、候補者数名のなかから、理事会におけるプレゼンテーション等の選抜を経て同氏が採用された。この着任時の学校経営の方針の一つが修復的教育の実践であった。

2．修復的教育—Waiuku College の実践

Waiuku College では生徒間のトラブルが生じたとき、教員は生徒指導マニュアルである「Restore」（翻訳資料 1）を参照して初期対応を行う。「Restore」は、縦 9 cm、横 5 cm（3 つ折り）の常時携帯可能な「生徒指導マニュアル」である。

実際にも校長から「Restorative Schools のマニュアルに従った対応」を全教職員に指示しているとのことであった。以下、このマニュアルにそって修復的な対話によるトラブル対応の実際を紹介していきたい。

（1）事実確認と被害調査（ステップ 1 から 4 まで）

問題発生時には、初期対応は教員（主として生徒指導担当のコーディネーター）が行う。

教員は被害者側と加害者側から事実確認と被害調査を行い、「何が起きた

翻訳資料1
作成 Rich Matia,Greg Jansen (Restorative　Schools)
"Restore-Mediated Conversations"　仲直りしよう―和解の会話

加害者に対して　　　　　　　　　　　　　　　被害者に対して

１．何が起こったのか？
（出来事を話させる）

３．何が起こったのか？
（出来事を話させる）

・そのとき、あなたは何を考えていたの
か？
・何が、あなたに、そのようなことを言わ
せたり、させたりしたのか？
・自分がしたことを振り返って、今、あな
たは何を考えていますか?

あなたの話を私たちに聞かせてください。

２．あなたは、誰に影響(害)を与えたと思
いますか？(被害の調査)

４．あなたは、誰から影響(害)を加えられたのです
か？(被害の調査)

・それは誰ですか？
・その人たちが、あなたのしたことによっ
て、影響をうけたことを、あなたはどう思
いますか？
・そのようなことは、正しいことですか、
正しくないことですか？
・あなたが相手の立場だったら、あなたは
今どのように感じるでしょうか？

・このことが起きて、あなたは、どのように感じまし
たか？
・このことが起きてから、あなたにとって何がどのよ
うに変わりましたか？
・あなたにとって、一番つらいことは何ですか？

５．起きてしまったことを正すために、あ
なたがしなくてはならないことは、何です
か？(被害の回復)

・事態をおさめていくために、あなたがす
るべきことは何ですか？
・事態をより良くするには、どうすればよ
いと思いますか？
・どうすれば助かるでしょうか？
・あなたは、何について、きちんと謝るべ
きですか？

６．あなたが、このようなことを決して繰
り返さないためにはどうしたらよいです
か？（今後に向けた働きかけ）

７．決して再びこのようなことを繰り返さないため
に、私たちはどうしたらよいですか？
（今後に向けた働きかけ）

・今あなたが他の人に言うべきことは何
でしょうか？
・もしもあなたが今回の出来事が起きる
前の時点に戻れたなら、今回と違って、次
はどのように行動しますか？
・あなたの、今の目標は何ですか？
・私たちは、こうしたことを、どの時点で
点検すればよいでしょうか？

・いまあなたが、聞いておくべきことがなにかあ
りますか？
・今後あなたをサポートするために、私たちに何
ができますか。

か」、「どのような被害が生じたか」を両者の立場から聞き取る。

　その際、加害者となった生徒に対しては「故意にしたのか、不注意からか」、「そのようなことをなぜする気になったのか」といった加害者側の心理的背景など、加害行為にいたる背景や要因も必要に応じて明らかにしていく。また、当該行為時の気持ちとともに「このような事態になって、今どのように感じているのか」という事件後の現在の気持ちも同時に問いかけて言語化し、確認することとなっている。

　被害を受けた生徒に対しては被害状況の客観的な確認をするとともに、今回のことで「最もつらいことは何か」など被害生徒の気持ちに寄り添う聞き取りが求められている。

（2）「今後の対応」に関する修復的対話

　「Restore」のステップ5以降の事情聴取と質疑応答は主として、今後の対応にかかわる「修復的対話」である。当該事件によって生じた被害者への影響とともに、両者の関係性の悪化のみならず、加害行為が学校や地域というコミュニティとの関係においてもネガティブな結果をもたらすこと、加害者自身にとってもマイナスの影響を与えてしまう可能性に思いを至らせる場面である。この点こそが修復的対話の重要なポイントといってよいであろう。

　教員またはファシリテーター（対話の進行役）の生徒からは、被害者と加害者に対する「このような事態を引き起こしたことによって、他の人にどのような悪い影響（心配をかけるなど）を与えたのか」という問いかけとその回答の対話を通じて、自分たちの属する学校や地域のコミュニティに自分たちが関わっていること、換言すれば、自分たちが学校や地域の多くの人々に支えられていることについて、深い省察をなされることが期待されている。

　すなわち、単なる被害回復だけならば被害者と加害者のみの和解交渉でも可能かもしれないが、同じ学校や地域のコミュニティに属するファシリテーターが問題解決にかかわることによって、加害者の行為が家庭・学校・地域の関係者全体に与える影響、たとえばそのようなコンフリクトが生じたことによって「悲しい」、「残念な気持ち」、「今後の不安」を与えたことにも考えをめぐら

せるということである。そして加害生徒に「もう一度皆からの信頼を取り戻そう」、「迷惑をかけた人たち全員に借りを返すため、皆のためになることをしよう」などの気持ちを起こさせ、「今後どのようにすべきか」を具体的に表明できる場として修復的対話の場が生かされなくてはならない。

またそのためにも被害生徒の側から「今後どのようにしてほしいか」ということを率直に述べ、伝えることが加害生徒の更生にもつながるのである。被害者の意志や気持ちに正面から向き合うことなしには、加害者の真の立ち直りや反省はできないからである。

また被害生徒の視点からも「今後（仕返しのおそれなど）についての不安」の解消は、加害生徒からの真摯な反省の言葉と姿勢に対面し、心からの謝罪を受け入れたときに達成されるであろう。

ファシリテーターの進行による修復的対話によって被害者と加害者の関係修復を行い、さらには生徒集団や学校というコミュニティと加害者との関係性が修復されることによって、被害生徒にも加害生徒にも、ひいては学校全体にも、よりよい学校生活と教育環境が醸成されることとなる。

（3）ピア・ファシリテーション

Waiuku College では、被害者と加害者の修復的対話におけるファシリテーターを同級生または上級生が担当するケースが少なくない。

たとえば、いじめ事案のような場合、加害者側の生徒は自分の行動によって「誰がどのように悪影響を受けたか」を考えて、被害者に心からの謝罪の気持ちを表すとともに、さらに自分が「今後、また今回と同様の状況になった場合に、どのようにしてトラブルを防ぐか」までを加害者自身に考えさせるように議論を進めていく。その際、生徒がファシリテーターを担当する。このように当該事件の加害生徒や被害生徒にとって、同じ生徒の立場や視線からの助言やサポートを得ることは、問題解決の具体的道程を考えるうえで、大きな支えになっているようである。

実際に「上級生が休み時間や放課後にたまり場としている教室棟前のテラスに、下級生から近づいていってインフォーマルな相談を持ちかけていく場面は、

しばしば見受けられる」とのことであった。修復的教育の場面のみならず、学年横断的な授業やサークル活動なども通じて異学年交流が図られていることもあるがWaiuku College が「修復的教育」の手法をとりいれ、学校コミュニティのもつ潜在的な強みを学校の一つのシステムとして生徒指導に活用している点に注目すべきであろう。

このようなファシリテーター役の生徒の育成は生徒指導担当のコーディネーターを中心とする教職員が担当する。その育成法については、教員自身が夏季休業中などの期間に Restorative Schools の講座を受講して研鑽を積んでいる（同校では毎年1、2名の教員が順番に講座を受講している）。

このようにニュージーランドでは学校教育の現場において、マオリの伝統に基づいた被害者側と加害者側の対話による問題解決法が広範に取り入れられている。また、その指導法は、ロールプレイなどを含むシステム化された形態で、修復的教育として実践され、そのような生徒指導が定着していることを本調査によって知ることができた。

3．修復的対応と懲罰的対応

日本では、ニュージーランドのリストラティブ・ジャスティスに関する研究は、これまで主として少年法制度の改革にかかわる議論が紹介されてきた。そして本章で述べてきたように、学校現場の問題解決に向けてリストラティブ・ジャスティスの理念と手法を活用しようとする研究は、日本でも徐々に進展しつつある[6]。

ニュージーランドでは修復的教育の実践が進むなかで、怒りの感情を自分自身がコントロールするスキルを身につけるための「アンガー・マネージメント」の授業教材など、生徒が抱えるコンフリクトに対応するための教育プログラムと教材も学年（年齢）に応じて刊行され、適宜利用可能な体制があり、日本でも「アンガー・マネージメント」の取り組みはメンタルトレーニングの一つとしてかなり普及されてきた。ニュージーランドの学校では、Waiuku College のように、修復的対話を通じて、生徒間トラブルの議論の視点を「誰が悪い」から「どのような行為が悪いのか」という視点へと、課題要因の「外在化」を試

みている。これらの指導法や揉め事の予防的教育の教材なども、「修復的教育」として構造化されてきているが、このような教育方法や教材の導入は、日本の学校教育への導入がさらに広がってよいであろう。

　わが国のいじめ防止対策推進法には、子ども自身が主体となって問題解決に取り組むという視点が脆弱であり、加害者への懲罰的対応の徹底と強化が法定化されているにとどまる。他方、ニュージーランドでは中等学校の学校理事会に生徒代表が加わり、保護者・教職員・地域の人々とともに学校経営に主体的に関わり、生徒相互の問題に対して生徒たち自身が対話を通じて解決の方途を探る力をつけようとしている。

　翻訳資料2の「修復的対応と懲罰的対応の比較」はRestorative Schoolsによる比較表に筆者が対比項目を付け加えて翻訳したものである。筆者は、すでに別稿にて、いじめ問題をはじめとする様々な生徒指導の課題に関して、修復的視点から、停学等の生徒懲戒による生徒指導の限界について論じたことがある[7]。いじめ事案に対して懲罰的な指導に代えて修復的教育を指導方法のオプションとして付加することは、日本の生徒指導においても十分に活用可能である。ニュージーランドの修復的教育の実践事例に接し、生徒の問題行動を修復的にとらえて対応することの意義と必要性を実感した。

翻訳資料2　　修復的対応と懲罰的対応の比較

	懲罰的対応	修復的対応
対応の主眼	適正な処罰。	説明責任を果たす。精神的平穏を得る。ニーズに対応する。
対応の起点	どのルールに反しているか?	どのようなことが起きたのか?
対応する対象の選択	誰が非難されるべきか?	誰がどのように影響をうけたか?
対応を考える視点	なされるべき処罰とは何か。	物事を正しい状態にするためには何をなすべきか?
事後対応の観点	特になし	私たちが前進するために必要なことは何か?

Restorative Schoolsのホームページ(http://www.restorativeschools.org.nz/restorative-practice)より

4．印象に残るエピソード

　Vanderlaan 校長とのインタビューのなかで、最も印象深いエピソードは、次のような内容であった。

　下級生のときに、いじめ事件の加害者として、しばしば修復的対話の当事者となっていた生徒がいた。その生徒が上級学年となり、修復的対話のファシリテーターとして、いじめ事件にかかわることになった。そのときのカンファレンスで、彼は下級生に対して大変、的確な聞き取りやアドバイスをすることができるようになっていた。下級生のときの彼の様子から考えると、上級生になった彼は、まるで人格が変わった。

　生徒同士の問題などを起こすことは全くなくなり、学校行事では素晴らしいリーダーシップを発揮し、勉学面も積極的に取り組んで好成績を獲得するだけでなく、同級生や下級生からの質問やアドバイスにいつも丁寧に対応し、教職員からの信頼が最も厚い生徒の一人となった。彼は、トラブルメーカーから、修復的教育の対話と信頼関係の回復を通じて、まさしく学校を代表する模範生となったのである。

　このように、子どもを主体とする修復的教育は、被害者と加害者の関係性を教育的ないし効果的に改善するということだけにとどまらず、これにかかわる子ども自身の豊かな人格形成と健全な社会性の発達を促すものであるといってよい。このようなニュージーランドの修復的教育の実践は、日本における教育実践と生徒指導の今後を考察する上で極めて示唆に富むものといえよう。

1　ニュージーランド統計局 , 国勢調査 http://nzdotstat.stats.govt.nz/wbos/Index.aspx#
2　Morris,Allison,2002:Restorative justice in New Zealand, 犯罪社会学研究 ,27 号 , pp27-35. 高橋貞彦 ,1997: 修復的司法―アオテアロアの少年司法―ニュージーランドから世界への贈り物 , 刑法の展開 (中山研一先生古稀祝賀論文集 5 巻), 成文堂 :Pp245-261. 前野育三 ,2000: 被害者問題と修復的司法 , 犯罪と非行 ,123 号 ,pp6-25.
3　竹原幸太 ,2012: ファミリーグループ・カンファレンスの研究動向と日本での実践課題 , 日本ニュージーランド学会・東北公益文科大学ニュージーランド研究所「小さな大国」ニュージーランドの教えるもの , 論創社 ,pp284-285. 高橋貞彦 ,2006: ニュージーランド (32 章), 細井洋子他編著 , 修復的司法の総合的研究―刑罰を超え新たな正義を求めて , 風間書房 ,pp490-494. 鴨志田まゆみ : 修復的司法の動向 (12) キャサリーン・デイリー . ヘネシー・ヘイズ「修復司法とカンファレンス」, 法律時報

76巻9号,pp118-121, 2004.
4　Restorative Schools ホームページ,http://www.restorativeschools.org.nz/
5　福本みちよ:1章社会と学校教育,第2部ニュージーランドの教育.青木麻衣子,佐藤博志編著,新版オーストラリア・ニュージーランドの教育―グローバル社会を生き抜く力の育成に向けて,東信堂,pp92-108,2014.ニュージーランド学会:ニュージーランド入門,慶応大学出版会,pp124-151,1998.
6　竹原幸太:1章学校における修復的実践の展望,細井洋子他編著,修復的正義の今日・明日―後期モダニティにおける新しい人間観の可能性,成文堂,pp12-30,2010.
7　吉田卓司:生徒指導法の実践研究,三学出版,pp34-64,2008.

あとがき

　序章でも述べたように、比較教育社会学はグローバルで重層的な「社会」という視点から、教育を考える営みである。それは、何を研究対象とするか、またその方法の計画・実施・評価の過程のすべてが未開拓な学問領域で、その確立への道のりは決して平坦ではないであろう。しかし他方で、子どもに関わる問題は、ますます地球規模のボーダレスな社会問題となってきており、比較教育社会学の研究は、その解決の処方箋を得るために、必要かつ有為な作業と考えている。

　私が最初に海外の学校教育現場を視察したのは、カンボジアのシェムリアップ近郊にある３つの小学校である（2006年）。そのうち２校はアンコールワット遺跡群のなかにある学校で、かろうじて屋根はあるものの雨漏りは日常的で、教室の壁や黒板が無い教室も少なくなかった。そして、午前午後に分かれて登校する二部制の学校は子どもが過密状態で、教科書やノートも持たず、木の枝で地面に文字や数字を書きながら学んでいる状況であった。もう一つの学校はトンレサップ湖に浮かぶ船上の学校で、日本の支援で建造された学校船である。水上生活者の子どもたちが小舟や直径70-80cmの木桶に乗って通っていた。水上学校船は２階建ての２階部分がバスケットコート程の広さの屋根付き運動場になっていて、１階部分に教室がある。この船の両側には、同船と別に１階部分だけの教室船も係留されていた。当時は、この学校船の教室が地上の教室に比して、とても綺麗に見えたものである。

　このときの学校訪問の主たる目的は、視察というよりも、実際は鉛筆等筆記用具の支援物資の搬入であった。当時は日本から支援物資を郵送しても、子どもたちに届くことはまれで、紛失・盗難が多かったのである。その頃のカンボジアへの教育支援は、ボランティア団体や個々人による民間の支援活動が活発で、映画「僕たちは世界を変えることができない」（2011年劇場公開）は、その当時の雰囲気をよく伝えている。この映画は、医大生・葉田甲太氏が、「150万円で学校が建ちます」という支援募集のパンフレットに触発されて、カンボジアに学校を建てるまでの実話に基づくものである。私は、学校を建てるほどのことはできないので、せめて勉強道具を日本で調達して現地に届けるボラン

ティアをしたのだった。

　訪問した地区では訪問1年前に武装集団が学校を襲撃したこともあり、治安は最悪で、通訳兼ボディガードのガイド（30歳代）と車の運転手（20歳代）の2人には、空港到着から出発までホテル内を除いて全行程に付き添ってもらった。ガイドの方は、日本語を現地で教えるボランティアをされている森田氏の下で日本語を習得し（森田塾と呼ばれていた）、その日本語はとても流暢であったことも印象深い。そしてトンレサップ湖で水上学校を視察した際の小船の操舵をしていた19歳の青年は、操船中以外は、いつも英語のテキストを片手に文法や単語を学習しており、内乱で通えなかった中学・高校で学びたいと語っていた。旧ポル＝ポト政権下では、教師をはじめ知識人とされる人々が家族も含めて何万人もが大量虐殺され、その後の内乱もあって、施設面だけでなく人材の面でも、学校教育は完全に破壊され、長きにわたって教育の機会が奪われていたからである。このように内乱によって荒廃した学校教育や社会の再建に向けた彼らの熱意と学習意欲の強さに、何度も感動させられた。この経験は、私が海外の教育に強い関心をもち、そこから日本が学ぶべきことの多さを実感するきっかけとなった。

　本書で取り上げたフィールド調査では、第1章のアメリカの教育福祉に関しては大阪公立大学の山野則子教授のご指導、ご支援のもと2014年度の大阪府立大学のスタディーツアーに帯同して実施したものであり、同時に藍野大学の枠外研究補助金を活用して実施した。第2章の多文化共生及び3章の修復的教育に関する研究は、大阪大学の小野田正利教授並びに園山大祐教授のご指導、ご支援を得て行い得たものである。フランス・マルチニークの調査研究は大阪大学「未来共生イノベーター博士課程プログラム」の未来共生フィールド調査・大学院生調査研究助成を受け、ニュージーランドの調査研究は大阪大学未来戦略機構「コンフリクトの人文学国際研究教育拠点」の大学院生調査研究助成を得た。その他にも国内外の多くの方々の協力を得ることができた。このように私の関心の赴くままに計画したフィールド調査にご支援をいただけたことに、改めて感謝の意を表したい。

　近年のカンボジアでは、首都プノンペンを中心に社会・経済の発展が目覚ましく、まだまだ残る課題はあるものの、教育現場でのICT活用をはじめ、教

育環境の改善が進められていると聞く。子どもと教育のより良い未来を志す多くの人たちの存在は、これらの研究調査を通じて最も強く実感できたことであり、未来への希望もそこにある。世界各地の教育と社会の学び合いを通じて、国内外の人たちの連携がますます広がり、世界に真の平和が訪れ、戦争や災害からの復興がすすむことを祈念している。

2024 年 3 月 9 日
西宮市自宅にて
吉田卓司

初出論稿一覧

序章　書き下ろし
第1章　書き下ろし
第2章　「フランス・マルチニーク大学区における多文化共生教育」大阪大学　未来
　　　　戦略機構　第5部門「未来共生学」創刊号 pp. 333-352
第3章　「いじめ事案への一対応としての修復的教育－ニュージーランドの教育実践
　　　　に関するフィールド調査から」養護教諭教育実践研究 2 巻 1 号 pp. 6-11

吉田卓司 （よしだ　たかし）

現職　藍野大学医療保健学部教授
略歴　1958年兵庫県神戸市生まれ
　　　大阪大学大学院人間科学研究科博士課程後期課程単位取得満期退学

〔主な著作〕
単著
・『教育方法の実践研究－教育の原理とアクティブ・ラーニング』三学出版（2023）．
・『教育実践基礎論－アクティブ・ラーニングで学ぶ[改訂版]』三学出版（2022）．
・『教育方法原論－アクティブ・ラーニングの実践研究』三学出版（2013）．
・『生徒指導法の実践研究－健全育成と教職教育の新戦略』三学出版（2008）．
・『教職入門・生徒指導法を学ぶ』三学出版（2004）．
共編著
・『総合的な学習／探究の時間の実践研究』渓水社（2021）．
・『新版・子ども虐待と向き合う－兵庫・大阪の教育福祉の現場から』三学出版（2020）．
共著
・『問答式・学校事故の法律実務』新日本法規出版（1987～2023加除式刊行継続中）．
・『考えを深めるための教育課程』ミネルヴァ書房（2023）．
・『最新・学校保健』ふくろう出版（2021）．
・『ソーシャルキャピタルを活かした社会的孤立への支援』ミネルヴァ書房（2017）．
・『すべての子どもたちを包括する支援システム』せせらぎ出版（2016）．
・『学校の中の犯罪と事件Ⅰ．Ⅱ．Ⅲ』批評社（2002-2005）．
・『授業・「従軍慰安婦」』教育史料出版（1998）．
・『いのちの重みを受け止めて・子どもの人権と兵庫の教育』神戸新聞総合出版センター（1997）．
・『俺たちの少年期・少年たちと支援者の軌跡』法政出版（1995）．
・『懲戒体罰の法制と実態』（共著）学陽書房（1992）．

世界の教育と社会
－比較教育社会学へのいざない－

2024年3月20日初版印刷
2024年3月30日初版発行

　著　者　吉田卓司
　発行者　岡田金太郎
　発行所　三学出版有限会社

〒520-0835 滋賀県大津市別保3丁目3-57 別保ビル3階
TEL 077-536-5403　FAX 077-536-5404
https://sangakusyuppan.com

モリモト印刷（株）印刷・製本